LA GRANDE IMAGERIE

ANNE FRANK

TEXTES **CATHY FRANCO**
ILLUSTRATIONS **JULIEN NOIREL**

FLEURUS

NAISSANCE EN ALLEMAGNE

Anne Frank voit le jour à Francfort, en Allemagne, le 12 juin 1929, dans une famille juive de la classe moyenne. Elle est la fille cadette d'Otto Frank, un homme d'affaires dont les ancêtres se sont installés à Francfort 4 siècles auparavant, et d'Edith Holländer, née dans une famille aisée d'Aix-la-Chapelle, une ville allemande à la frontière avec les Pays-Bas. Sa sœur, Margot, a trois ans de plus qu'elle. Les Frank forment une famille très unie.

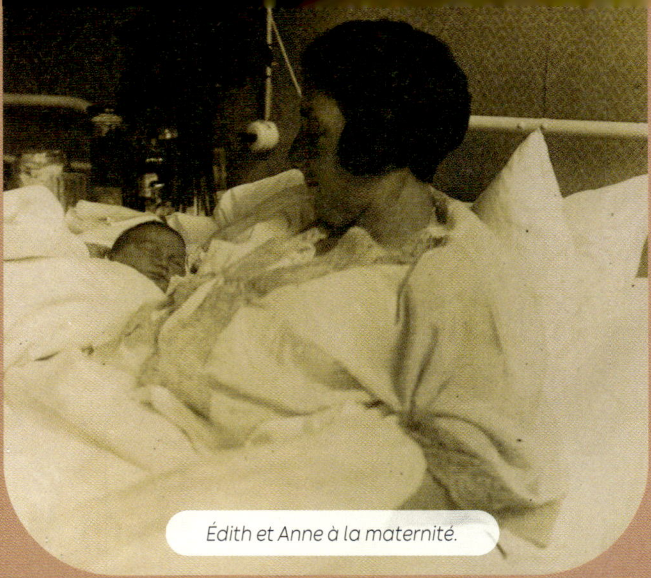

Édith et Anne à la maternité.

Les parents d'Anne

Otto, le père d'Anne a combattu dans l'armée allemande durant la Première Guerre mondiale. Son courage lui a valu d'être décoré et promu au rang d'officier. C'est un homme d'une grande sagesse, calme et réfléchi. Il est passionné de littérature et de photographie. Edith a onze ans de moins que lui. C'est une jeune femme élégante qui aime les arts et la musique. Tout comme Otto, elle vient d'une famille juive de 4 enfants. Ils se marient en 1925 à Aix-la-Chapelle, où a grandi Édith.

Otto Frank et Édith Frank.

Margot dans les bras d'Edith.

Anne et Margot

Bien que proches, les deux sœurs ont des personnalités très différentes. Margot est une enfant sage et timide, qui s'entend bien avec tout le monde. Anne est vive, curieuse, pleine d'entrain et ne tient pas en place. Elle pose sans cesse des questions. Otto, qui aime autant ses deux filles mais développe un lien privilégié avec Anne, la décrit comme « une petite rebelle très volontaire ».

Otto et ses filles

Otto est un père très attentionné pour ses filles qui le surnomment affectueusement Pim. Anne lui voue une admiration sans bornes. Pour elle, il est « le plus chou de tous les petits papas ». Chaque soir, au moment du coucher, Otto raconte à ses filles des histoires de son invention, pour leur plus grand plaisir. Elles ont pour héroïnes deux petites filles nommées Paula. La gentille Paula est très obéissante et la vilaine Paula accumule les bêtises. Plus tard, Anne écrira des petites histoires sur ce même thème.

Une petite enfance heureuse

Anne et Margot vivent une petite enfance heureuse et insouciante en Allemagne, choyées par leurs parents. Elles se font de nombreux amis parmi les enfants du voisinage. Anne apprécie aussi les visites de ses cousins, Buddy et Stephan. Elle ne se doute pas que le pays est en train de connaître de profonds bouleversements.

Anne, en 1931, jouant dans un petit bac à sable avec sa maman.

Une famille juive

À l'époque, l'Europe compte 9,5 millions de Juifs. En Allemagne, la plupart sont réformistes, comme le sont les Frank : ils respectent de nombreuses traditions, propres à leur religion (le judaïsme) et à leur culture, mais sont assimilés au reste de la population. Anne et Margot vont à l'école publique et ont des camarades de confession juive, catholique ou protestante. Edith est la plus dévouée à sa foi et se rend régulièrement à la synagogue.

La synagogue est le lieu de culte des Juifs. Ici, l'étoile de David, symbole du judaïsme, s'élève au sommet de la Nouvelle synagogue de Berlin, construite en 1 886

LA RELIGION JUIVE

Le judaïsme est né au Moyen-Orient il y a plus de 4 000 ans. C'est la plus ancienne religion monothéiste du monde (croyance en un dieu unique). Elle s'est répandue quand les Juifs (que l'on appelait avant les Hébreux) se sont dispersés dans de nombreux pays. Il y a aujourd'hui plus de 15 millions de Juifs dans le monde. Ils ont subi de nombreuses persécutions au fil du temps.

L'EXIL À AMSTERDAM

Dans les années 1930, L'Allemagne connaît une grave crise économique, qui affecte également toute l'Europe. Le chômage et la pauvreté sévissent. Les affaires d'Otto en pâtissent et la famille Frank doit déménager dans un logement plus petit. Adolf Hitler, le chef du parti nazi, promet au peuple d'améliorer ses conditions de vie. Il accuse notamment les Juifs d'être responsables de la situation et encourage l'antisémitisme (la haine à leur égard).

Adolf Hitler et le président Paul von Hindenburg (mai 1933).

L'arrivée d'Hitler au pouvoir

Dans une Allemagne en crise, le pouvoir d'orateur d'Hitler séduit. Aux élections législatives de juillet 1932, son parti devient le premier parti politique d'Allemagne. Le 30 janvier 1933, Hitler est nommé chancelier (chef du gouvernement allemand) par le président Paul von Hindenburg. Anne Frank a alors 4 ans. En 1934, à la mort d'Hindenburg, Hitler s'empare totalement du pouvoir.

Hitler est le chef du parti nazi, dont l'emblème est la croix gammée.

C'EST QUOI LE NAZISME ?

Le nazisme (contraction de « national-socialisme ») désigne l'idéologie (la pensée) soutenue par Adolf Hitler et les membres de son parti. Ne supportant pas que son pays ait perdu la Première Guerre mondiale, Hitler rêve de construire un empire, appelé IIIe Reich, qui s'étendrait sur toute l'Europe et dont il serait le chef unique (le « Führer » ou guide). Pour lui, les Allemands appartiennent à une race supérieure qui doit rester « pure » et accroitre son « espace vital ». Les Juifs, les Tziganes, les malades mentaux ou encore les homosexuels sont considérés comme des sous-hommes.

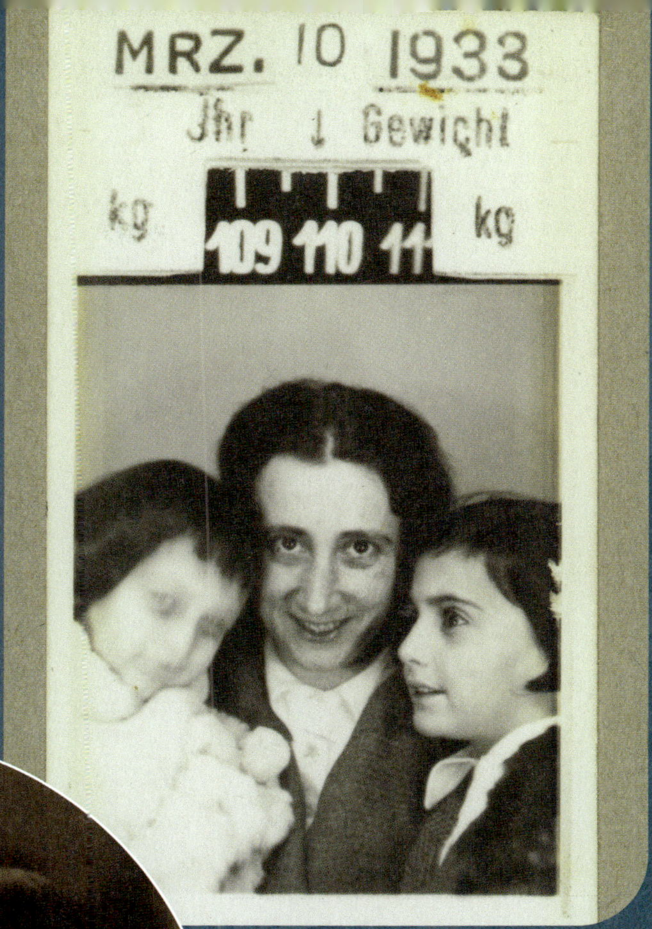

Cette photo, montrant Edith et ses filles, est l'une des dernières prises à Francfort, dans un grand magasin. La date y est mentionnée (10 mars 1933) ainsi que le cumul de leurs poids respectifs (110 kg).

Fuir !

Avec l'arrivée d'Hitler au pouvoir, toute forme d'opposition devient vite interdite. Les opposants politiques sont arrêtés. Les citoyens allemands sont privés de leur liberté d'expression. Le pays sombre dans la dictature. Un boycott des commerces juifs est lancé (on demande aux Allemands de ne plus acheter chez eux). Puis une série de lois écartent peu à peu les Juifs du monde du travail et de la société. Ils n'ont notamment plus le droit d'exercer certaines professions (fonctionnaire, médecin, journaliste, juge, avocat ...) Craignant pour leur sécurité, les Frank décident de quitter l'Allemagne au plus vite.

Photo d'Anne et Margot prise à Aix La Chapelle en 1933. Anne a 4 ans et Margot, 7 ans.

Un nouveau projet de vie

En septembre 1933, Edith et ses filles se rendent à Aix-la-Chapelle, où elles séjournent un temps chez Rosa, la mère d'Edith. Otto se voit offrir un travail à Amsterdam, aux Pays-Bas. Edith et Margot l'y rejoignent en décembre et Anne arrive le 16 février 1934, pour les 8 ans de sa grande sœur. On l'assoit sur la table, à côté du gâteau d'anniversaire. Ce cadeau insolite comble de joie Margot.

Anne et une amie sur la place Merwede, un an après son arrivée à Amsterdam. Elle a alors 6 ans.

Amsterdam aujourd'hui, avec ses maisons colorées donnant sur l'eau. C'est la capitale des Pays-Bas (ou Hollande).

Amsterdam

Amsterdam est une jolie ville, grouillante de vie, traversée par un réseau de canaux. Les Frank emménagent dans un grand appartement, place Merwede. Aux alentours vivent de nombreux Juifs qui ont fui l'Allemagne comme eux.

UNE VIE PRÉSERVÉE

Aux Pays-Bas, les Frank se sentent enfin en sécurité. Et comme le pays est resté neutre durant la Première Guerre mondiale, cela les rassure d'autant plus. Anne et Margot s'adaptent rapidement à leur nouvelle vie. Toute la famille apprend le néerlandais. L'entreprise d'Otto est florissante. Mais alors que la situation s'améliore pour les Frank, les conditions de vie des Juifs restés en Allemagne se dégradent, ce qui n'augure rien de bon.

Une vie préservée

Loin de la tourmente qui agite l'Allemagne, les Frank mènent une vie presque normale pendant quelques années. Anne aime se balader à vélo, jouer au ping-pong. L'hiver, avec ses amis, elle patine sur les canaux d'Amsterdam pris par la glace. Elle se passionne pour les familles royales d'Angleterre et des Pays-Bas, dont elle lit l'actualité, et pour le cinéma. Elle aime coller des images dans des albums et parcourt souvent ses collections de cartes postales ou de photos de stars d'Hollywood. Elle a un chat, Moortje, qu'elle adore.

Anne (8 ans) et ses amies en 1937.

Les séjours à la mer

Amsterdam n'est pas très loin de la mer du Nord. Une aubaine pour la famille Frank qui, pendant les vacances, s'y rend régulièrement. Margot et Anne peuvent ainsi profiter des joies de la plage à Zandvoort, une station balnéaire aux jolies dunes.

Anne et Margot à la plage.

Anne à l'école

À leur arrivée à Amsterdam, Anne et Margot sont inscrites à l'école. Anne, qui ne tient pas en place et a un caractère bien trempé, fréquente une école Montessori, qui laisse plus de liberté aux enfants et leur permet d'apprendre à leur rythme. Comme elle est très sociable et espiègle, elle se fait de nombreux amis. En classe c'est une vraie pipelette !

Anne à l'école Montessori.

Anne et Margot grandissent

Chaque année, Edith et Otto font réaliser des photos d'identité de leurs filles (ci-dessous, Margot, à droite, et Anne, à gauche). Nous sommes en 1937. Margot a 11 ans et Anne, 8 ans. Les deux sœurs continuent d'afficher des personnalités très distinctes. Margot est réservée tandis qu'Anne est extravertie, aime être au centre de l'attention, et déborde d'énergie. Elle n'hésite pas à dire ce qu'elle pense, au risque de passer parfois pour une effrontée.

Margot en 1937 (11 ans).
Anne en 1937 (8 ans).

Le travail d'Otto

Otto dirige une entreprise, Opekta, qui vend de la pectine, un ingrédient qui entre dans la fabrication des confitures. Sa petite équipe d'employés compte deux Autrichiens non juifs qui deviennent des amis proches : Miep Santrouschitz et Victor Kugler. À partir de 1937, une jeune néerlandaise, Bep Voskuijl, assiste Miep. En 1938, Otto fonde une seconde entreprise qui distribue des épices. Il embauche deux amis, Johannes Kleiman, un Néerlandais et Herman van Pels, un Juif allemand.

Miep, l'employée et fidèle amie d'Otto. Elle se marie le 16 juillet 1941 avec Jan Gies, dont elle prend le nom. La famille Frank assiste au mariage.

PENDANT CE TEMPS EN ALLEMAGNE

Les lois contre les Juifs se durcissent. En 1935, ces derniers perdent leur citoyenneté allemande. Les mariages entre Juifs et Allemands sont interdits. En 1938, la situation s'aggrave. Le gouvernement utilise un prétexte pour déclencher une terrible vague d'attaques contre les Juifs d'Allemagne et d'Autriche (annexée à l'Allemagne au mois de mars). L'événement, appelé la nuit de Cristal, a lieu dans la nuit du 9 au 10 novembre 1938. Les nazis pénètrent dans les maisons et les commerces juifs, rouent de coups leurs occupants, pillent et saccagent tout. Ils brûlent les synagogues. Des milliers d'hommes juifs sont arrêtés et envoyés dans des camps de concentration où ils sont soumis au travail forcé.

Incendie d'une synagogue en Allemagne pendant la nuit de Cristal.

LA GUERRE ÉCLATE

Le 1er septembre 1939, les armées d'Hitler envahissent la Pologne. En réaction, la France et le Royaume-Uni, pays alliés de la Pologne, déclarent la guerre à l'Allemagne. C'est le début de la Seconde Guerre mondiale. Au printemps 1940, l'armée allemande s'empare du Danemark et de la Norvège. Puis c'est au tour des Pays-Bas. Pour les Frank, la vie bascule.

Le ghetto de Varsovie

Malgré des combats acharnés, la Pologne est écrasée par les Allemands en seulement un mois. Les nazis rassemblent les Juifs dans un quartier de Varsovie, qu'ils transforment en ghetto, isolé du reste de la capitale par de hauts murs d'enceinte et des barbelés. Plus de 400 000 Juifs vont y vivre, coupés du monde, dans des conditions inhumaines. La famine et les épidémies sévissent et il n'est pas rare de retrouver des cadavres en pleine rue que des charrettes viennent ramasser.

Les nazis procèdent à l'arrestation des Juifs du ghetto de Varsovie après leur soulèvement, en 1943. Cette photo du petit garçon, les mains en l'air, est l'une des plus célèbres de la Seconde Guerre mondiale.

La France et la Grande-Bretagne s'engagent à respecter les populations civiles... L'ALLEMAGNE LES BOMBARDE

DERNIÈRE ÉDITION

Paris-soir

LUNDI 4 SEPTEMBRE 1939 — 37, rue du Louvre PARIS (2e) — DERNIÈRE ÉDITION — 50 cent.

LA GUERRE EST DÉCLARÉE

L'Angleterre depuis ce matin 11 heures
La France depuis cet après-midi 5 heures
sont entrées en état de guerre avec l'Allemagne

Elles n'avaient reçu aucune réponse du Führer à l'ultime démarche qu'en plein accord elles avaient effectuée séparément à Berlin

La France commande...

Depuis onze heures aujourd'hui la guerre est déclarée.
La France et la Grande-Bretagne ont tout fait pour épargner au monde cette immense catastrophe.
Mais la folie sanguinaire du maître de l'Allemagne l'a voulue. Son monstrueux orgueil, son aveuglement insensé précipitent l'Europe dans le sang. Peu lui importe la mort et la souffrance de millions d'êtres humains; certain d'être écrasé, il veut s'ensevelir sous les ruines.
C'est une lutte sans merci qui commence. Quelle que

Le délai français a expiré à 17 heures

En exécution de la décision prise hier soir par le gouvernement, M. Coulondre, ambassadeur de France à Berlin, s'est rendu à la Wilhelmstrasse à 12 heures pour demander au gouvernement allemand sa réponse à la communication qui lui avait été remise le 1er septembre à 22 heures.
Il a fait connaître au gouvernement du Reich que si celui-ci s'abstient de répondre ou donne une réponse négative, la France se trouvera de ce fait dans l'obligation de remplir dès aujourd'hui à partir de 5 heures de l'après-midi ses engagements envers la Pologne.

DE SON BUREAU DE DOWNING STREET

M. N. Chamberlain s'est adressé au peuple britannique :

« Nous avons la conscience claire Nous avons fait tout ce qu'un pays

La « une » du journal Paris-Soir, dernière édition du lundi 4 septembre 1939.

L'invasion des Pays-Bas

Le 10 mai 1940, les troupes allemandes envahissent les Pays-Bas. La famille royale et le gouvernement néerlandais se réfugient à Londres. Les soldats allemands sont partout dans les rues d'Amsterdam. Fin 1940, tous les Juifs du pays sont recensés.

Invasion des Pays-Bas, mai 1940.

La vie sous l'occupation

Le quotidien devient difficile pour les Frank et la population en général. Les Allemands réquisitionnent la nourriture et les produits de première nécessité. Il faut des tickets de rationnement pour obtenir du pain, du sucre, du café ou encore du beurre et les magasins sont souvent vides. La presse est muselée. Les rares journaux autorisés décrivent l'occupant en termes complaisants et diabolisent les Juifs. La résistance s'organise. Des journaux clandestins voient le jour et chaque soir, la population peut écouter en cachette « Radio Orange » une émission du gouvernement néerlandais en exil à Londres.

Des gens faisant la queue devant un magasin.

Anne et de son père, marchant dans la rue, avec une étoile jaune sur le revers de leur vêtement.

Les Juifs doivent désormais porter l'étoile jaune.

LE PORT DE L'ÉTOILE JAUNE

À partir du 9 mai 1942, tout Juif de plus de 6 ans a l'obligation de porter l'étoile jaune cousue sur ses vêtements (au niveau de la poitrine) pour être identifié immédiatement. Cet insigne correspond à l'étoile de David et porte la mention « JOOD » en lettres capitales qui signifie « Juif » en néerlandais.

Anne (au centre) fréquente désormais une école réservée aux Juifs.

Les mesures prises à l'encontre des Juifs

Dès 1940, ces derniers ne peuvent plus être fonctionnaires et posséder leur propre entreprise. Otto abandonne la direction de son entreprise, rebaptisée Gies and Co, à ses collègues, Victor Kügler et Johannes Kleiman. Il continue de travailler mais évite de se rendre dans ses bureaux. En 1941, Anne et sa sœur sont obligées de rejoindre une école réservée aux Juifs. Ces derniers voient leurs libertés de plus en plus restreintes. De nombreux lieux publics leur sont interdits, ils doivent se déplacer uniquement à pied et un couvre-feu leur est imposé.

Une pancarte « Interdits aux Juifs », comme celles que l'on trouvait à l'époque à Amsterdam dans les lieux publics (Jewish hsitorical museum).

UNE CACHETTE SECRÈTE

À partir de 1942, de plus en plus de Juifs des Pays-Bas sont déportés dans des camps de travail en Allemagne. De terribles rumeurs circulent au sujet de camps d'extermination, plus à l'est, où les Juifs des pays occupés par les nazis seraient tués. Otto envisage de quitter Amsterdam pour l'Angleterre avec sa famille mais sa demande est refusée. Il ne reste plus qu'une solution pour éviter le pire : se cacher.

Façade de l'entreprise d'Otto aujourd'hui. L'Annexe n'est pas visible depuis la rue.

L'Annexe

À l'arrière des bureaux de l'entreprise d'Otto (8) se trouve une annexe (un prolongement) qui est inoccupée. Dans le plus grand secret, les fidèles collègues d'Otto (Miep Gies, Victor Kugler Johannes Kleiman et Bep Voskuijl) aident ce dernier à nettoyer les lieux et petit à petit, y aménagent un appartement secret. Au début, Edith et Otto préfèrent ne rien dire à leurs filles pour ne pas les inquiéter. Lorsqu'Otto en parle finalement à Anne, début juillet 1942, la jeune fille est surprise par le ton grave de sa voix. Il lui demande de profiter de sa vie insouciante pendant qu'il en est encore temps. Mais une terrible nouvelle va précipiter les choses.

La convocation de Margot

Le 5 juillet 1942, Margot reçoit une convocation lui ordonnant de se livrer aux autorités allemandes afin de rejoindre un camp de travail en Allemagne. Toute la famille est sous le choc. Pour Otto, il n'y a plus de temps à perdre. L'emménagement dans l'Annexe, qui devait avoir lieu le 15 juillet, est avancé. Anne doit laisser derrière elle ses nombreuses amies, et son chat adoré, Moortje.

Peter van Pels, dont Anne était amoureuse.

Fritz Pfeffer, qui insupportait Anne.

Un départ précipité

Le matin du 6 juillet 1942, Otto, Édith et leurs filles se couvrent de plusieurs couches de vêtements pour ne pas se faire remarquer dans la rue avec une valise et rejoignent l'Annexe sous une pluie battante. 4 autres personnes juives vont partager la cachette avec eux. Herman van Pels, le collègue d'Otto, sa femme, Augusta, et leur fils Peter, âgé de 15 ans, arrivent le 13 juillet. Fritz Pfeffer, un dentiste et ami de la famille, rejoint les occupants en novembre.

Description de l'Annexe

L'Annexe, qu'Anne appelle « l'Annexe secrète » s'échelonne sur trois niveaux. Sa surface est celle d'un petit appartement (50 m2). L'entrée est dissimulée par une bibliothèque pivotante 1. Le premier niveau est composé de 2 pièces, d'une salle d'eau avec un lavabo et de toilettes 7. L'une des pièces est la chambre d'Otto, Édith et Margot 3 et l'autre, celle qu'Anne partage avec Fritz Pfeffer 2. Au deuxième niveau se trouve une pièce assez spacieuse qui fait office de salon et de salle à manger pour les occupants (on y trouve une grande table, une cuisinière et un évier), et de chambre pour Herman et Augusta Van Pels 4. Peter dort dans une minuscule pièce juste à côté 5. Une échelle mène au grenier (le troisième niveau de l'Annexe) où sont entreposées les vivres 6.

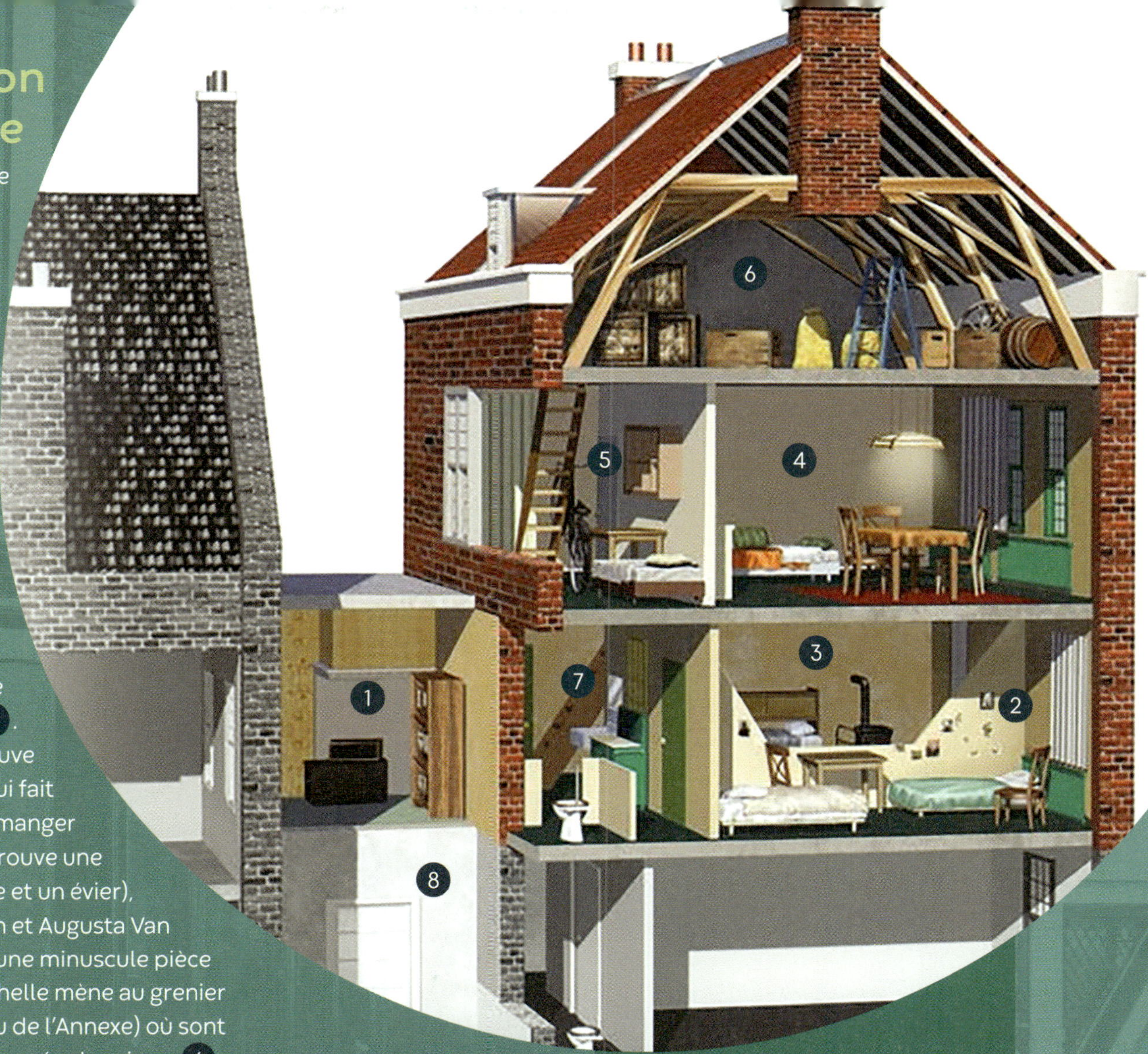

La bibliothèque pivotante 1 a été mise au point par Yohan Voskujl, le père de Bep, une des employées de l'entreprise.

LÉGENDE

1 Bibliothèque

2 Chambre d'Anne Frank et de Fritz Pfeffer

3 Chambre d'Otto, d'Edith et de Margot Frank

4 Cuisine, salle à manger et chambre de Hermann et Augusta Van Pels

5 Chambre de Peter Van Pels

6 Grenier

7 Salle d'eau

8 Bureaux de l'entreprise d'Otto Frank

LA VIE DANS L'ANNEXE

Un mois après l'entrée en clandestinité des Frank, 2 000 Juifs sont arrêtés à Amsterdam et envoyés dans le terrible camp de concentration et d'extermination d'Auschwitz, en Pologne. Les huit membres de l'Annexe vivent dans la peur constante d'être découverts. Les querelles sont fréquentes car il est difficile de vivre à 8 dans un espace si petit, les fenêtres masquées par d'épais rideaux, 24 heures sur 24. Anne trouve dans son journal intime un confident salutaire.

Miep et son mari, Yan, approvisionnent les occupants de l'Annexe en nourriture.

Une aide précieuse

Miep Gies et son mari Yan, Victor Kügler, Johannes Kleiman, Bep Voskuijl et son père Yoann sont les seuls à connaître le secret des 8 occupants de l'Annexe. Ils les approvisionnent régulièrement et les informent de ce qui se passe à Amsterdam. Anne admire leur incroyable dévouement et les considère comme des héros car ils risquent leur vie en cachant et en aidant des Juifs. Les autres employés de l'entreprise ne sont au courant de rien. Il faut donc être extrêmement prudent !

Comme Anne aime le cinéma, Victor Kugler lui apporte régulièrement un magazine sur le 7e art. Il dit que c'est le seul journal néerlandais dépourvu de propagande nazie.

LA VIE QUOTIDIENNE

Les membres de l'Annexe doivent se montrer les plus discrets possible, particulièrement pendant les heures de bureau ou le moindre bruit (un objet qui tombe, une chasse d'eau tirée ...) peut trahir leur présence. Dans ces moments, ils se déplacent sur la pointe des pieds et communiquent à voix basse. Chacun dispose d'un pot de chambre sous son lit. Le petit-déjeuner est pris avant l'arrivée du personnel. Dans la matinée, certains lisent ou s'adonnent à d'autres activités calmes. Anne, Margot et Peter étudient sous la houlette d'Otto, reconverti en professeur. Pendant la pause de midi du personnel, et une fois la journée de travail terminée, les occupants prennent leur repas et sont plus libres de leurs mouvements. Le soir, ils peuvent descendre dans les bureaux inoccupés et écoutent l'actualité de la guerre sur Radio Orange.

Ci-dessus, le grenier de l'Annexe. Quand vient la nuit, Anne aime s'y rendre pour contempler le ciel étoilé par les fenêtres.

Le journal d'Anne

Pour son treizième anniversaire, peu avant l'entrée en clandestinité, Anne a reçu un joli carnet rouge et blanc muni d'une petite fermeture à l'avant. Elle a décidé que ce serait son journal intime. Elle y écrit des lettres adressées à une amie imaginaire prénommée Kitty..

Le journal d'Anne.

Une reconstitution de la chambre d'Anne et sa statue en cire, Musée de cire Madame Tussauds à Amsterdam.

Confidences

À Kitty, Anne peut tout confier. Son journal lui permet de supporter l'enfermement et d'exprimer ses peurs (peur d'être découverte, peur des bombardements qui la réveillent la nuit...). Elle y raconte la vie quotidienne dans l'Annexe, les relations entre les occupants, parfois tendues, les conflits avec sa mère. Elle se plaint des jugements dont elle fait souvent l'objet de la part des Van Pels ou de Fritz Pfeffer qui la trouvent impertinente et mal élevée. Elle décrit ses centres d'intérêt ou encore, ses sentiments grandissants pour Peter et leur premier baiser. Malgré son jeune âge, elle se lance dans de mûres réflexions sur les adultes, les hommes et les femmes, la guerre, l'antisémitisme, la religion. Elle ne perd toutefois pas son humour, qui transparaît notamment dans les descriptions qu'elle fait de ses colocataires et de leurs petites manies.

Écrire pour témoigner

En mars 1944, Anne entend sur Radio Orange une annonce du ministre de l'Éducation néerlandais, en exil à Londres. Il invite ses concitoyens à conserver tous les documents témoignant de leurs conditions de vie durant l'occupation allemande. Anne, qui écrivait jusqu'alors pour elle-même, décide alors de retravailler son journal. Rêvant de devenir écrivaine, elle espère le voir publié après la guerre.

Anne écoute l'annonce du ministre de l'Éducation sur Radio Orange.

MORCEAUX CHOISIS

Anne Frank tient son journal du 12 juin 1942 (trois semaines avant son entrée dans l'Annexe) au 1er août 1944. Elle y colle volontiers des photos d'elle et de sa famille. Une fois son premier journal rempli, elle poursuit ses confidences dans d'autres cahiers.

« Nous ne faisons pas plus de bruits que des souriceaux. Qui aurait pu croire, il y a trois mois, qu'Anne vif-argent serait obligée et capable de rester immobile pendant des heures. »

1er octobre 1942

« C'est une sensation très étrange, pour quelqu'un dans mon genre d'écrire un journal. Non seulement je n'ai jamais écrit mais il me semble que plus tard, ni moi ni personne ne s'intéressera aux confidences d'une écolière de treize ans. »

20 juin 1942

« Je suis effrayée à la pensée de ceux à qui je me suis toujours sentie si profondément attachée et qui sont maintenant livrés aux mains des bourreaux les plus cruels qui aient jamais existé. Et tout cela, pour la seule raison qu'ils sont juifs. »

19 novembre 1942

« Idée nouvelle : à table, je me parle à moi-même plutôt qu'aux autres, c'est doublement avantageux. Premièrement ils sont tous contents de ne pas m'entendre caqueter sans arrêt et, deuxièmement, je n'ai plus à m'irriter du jugement d'autrui. Mon opinion, je ne la trouve pas bête, mais les autres si ; raison de plus de la garder pour moi. »

10 août 1943

« Je nous vois, tous les 8 dans l'Annexe, comme si nous étions un morceau de ciel bleu, entouré de gros nuages noirs, si noirs ! »

8 novembre 1943

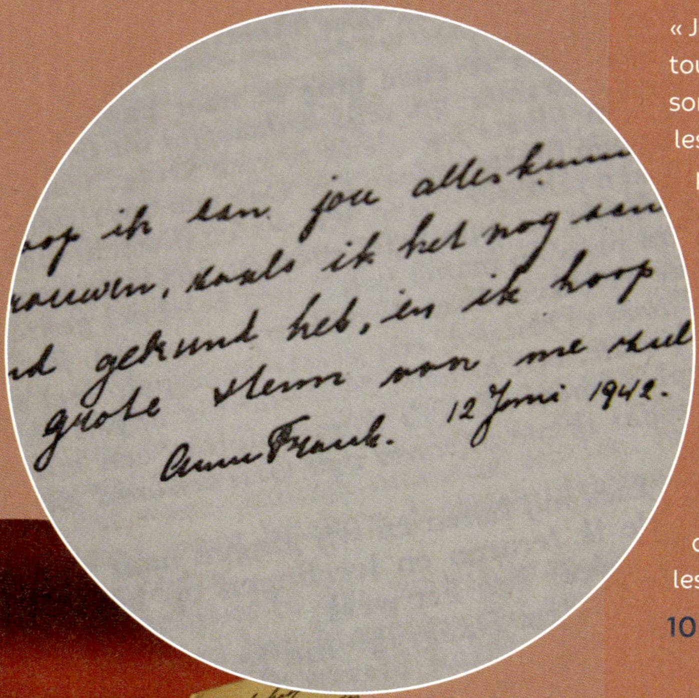

Dans les premières pages de son journal (reproduction), la jeune fille commence par ces mots : « Je vais pouvoir, j'espère, te confier toutes sortes de choses, comme je n'ai encore pu le faire à personne, et j'espère que tu me seras d'un grand soutien. ».

« Tu peux me croire, quand on est enfermé pendant un an et demi, certains jours on en a assez (...) Faire du vélo, danser, siffler, découvrir le monde, me sentir jeune, savoir que je suis libre, voilà à quoi j'aspire et pourtant je ne dois rien en montrer parce que, imagine un peu, si nous nous mettions tous les 8 à nous plaindre, ou à prendre des airs malheureux, où en serions-nous ? »

24 décembre 1943

« Quand j'écris, je me débarrasse de tout, mon chagrin disparaît, mon courage renaît. »

5 avril 1944

« Je ne veux pas comme la plupart des gens avoir vécu pour rien (...) Je veux continuer à vivre même après ma mort. »

5 avril 1944

« Un jour, cette horrible guerre se terminera, un jour, nous pourrons être des êtres humains, et pas seulement des Juifs ! »

11 avril 1944

« À présent, je suis pleine d'espoir, enfin tout va bien. Tout va même très bien ! Superbes nouvelles ! On a tenté d'assassiner Hitler, et pour une fois il ne s'agit pas de communistes juifs ou de capitalistes anglais mais d'un général allemand de haute lignée germanique, un comte qui en plus est encore jeune. La Providence divine a sauvé la vie du Führer et, malheureusement, il s'en est tiré avec seulement quelques égratignures et des brûlures. »

Vendredi 21 juillet 1944

Reproduction du journal d'Anne Frank. À côté de sa photo (page de droite), Anne a écrit : « J'aimerais toujours être comme sur cette photo. Alors, j'aurais peut-être la chance d'aller à Hollywood. (...) »

DÉCOUVERTS !

Le temps est long pour Anne et ses compagnons d'infortune. Les nouvelles de l'extérieur apportent leur lot de peurs et d'espoir. Le 6 juin 1944, le débarquement de Normandie laisse entrevoir la fin de la Guerre. Mais dehors, le danger subsiste. Le 4 août 1944, c'est le drame. La cachette des Frank est découverte.

L'espoir

Le 6 juin 1944, des milliers de soldats (essentiellement américains, britanniques et canadiens) débarquent en France, sur les plages de Normandie. Le débarquement de Normandie marque un tournant dans l'histoire de la Seconde Guerre mondiale. Il annonce la libération de la France et des pays d'Europe occidentale tombés sous le joug nazi. Dans l'Annexe, chacun exprime sa joie. « Cette année, l'année 1944, va-t-elle nous offrir la victoire ? » se demande Anne. « Nous n'en savons toujours rien pour l'instant mais l'espoir nous fait vivre, il nous redonne courage, il nous redonne de la force. »

Le débarquement de Normandie est la plus grande offensive aéronavale de tous les temps : 8 000 avions (chasseurs, bombardiers), 6 939 navires et près de 160 000 hommes.

De plus en plus de Juifs d'Europe sont déportés et voués à une mort certaine.

L'arrestation

Anne écrit pour la dernière fois dans son journal le 1er août 1944. Elle a 15 ans. Le matin du 4 août, des hommes font irruption dans l'Annexe. L'un d'eux fait partie des forces de police allemandes. Les autres sont des nazis néerlandais. Tous sont armés. Les Frank, les van Pels et Fritz Pfeffer sont rassemblés dans le salon. Le policier allemand exige qu'on lui remette argent et bijoux. Il fourre son maigre butin dans une sacoche qu'il vide au préalable. Elle contient les cahiers d'Anne qui tombent éparpillés sur le sol. Les clandestins ont cinq minutes pas plus pour prendre quelques vêtements puis ils sont emmenés dans une prison, au centre d'Amsterdam. Victor Kugler et Johannes Kleiman sont également arrêtés. Miep et Bep sont laissées libres.

La peur

Anne refuse de se laisser aller au désespoir même si elle se sent parfois abattue ou envahie de doutes quant à l'avenir. Les nouvelles de l'extérieur ne sont pas rassurantes. La plupart des Juifs des Pays-Bas ont été déportés. La police allemande recherche activement les clandestins. L'épicier chez qui Miep se ravitaillait s'est fait arrêter pour avoir caché 2 Juifs. Les dénonciations vont bon train, récompensées par une somme d'argent.

L'arrestation

Les manuscrits

En fin d'après-midi, cette journée du 4 août, Miep et Bep reviennent dans l'Annexe. Sur le sol, Miep aperçoit les manuscrits d'Anne. Elle les emporte avec elle ainsi que les albums photo de la famille Frank. Arrivée chez elle, elle range les manuscrits dans un tiroir qu'elle ferme à clé. Elle se refuse à imaginer le pire et se dit qu'une fois la guerre terminée, elle les rendra à Anne. Une semaine plus tard, l'Annexe est vidée sur ordre de la police allemande.

Miep découvrant les cahiers d'Anne.

QUI A TRAHI LES FRANK ?

Qui a dénoncé Anne Frank et les autres clandestins ? On l'ignore encore à ce jour même si plusieurs hypothèses ont été émises. Selon une enquête récente, il s'agirait d'un notaire juif qui aurait fourni aux allemands une liste d'adresses où des Juifs se cachaient pour sauver sa famille de la déportation. Cette théorie ne fait toutefois pas l'unanimité parmi les experts. D'après une autre source, il pourrait s'agir d'une des sœurs de Bep.

LA DÉPORTATION

Anne et les autres membres de l'Annexe passent 4 jours en prison avant d'être envoyés au camp de transit de Westerbork, à environ 120 kilomètres au nord d'Amsterdam. Les Juifs y sont regroupés dans l'attente d'un transfert vers des camps de concentration ou d'extermination plus à l'Est. Les Frank et leurs compagnons gardent toutefois espoir car les forces alliées progressent rapidement pour libérer l'Europe. Mais c'est l'horreur qui les attend.

Des conditions de voyage inhumaines

Environ un mois après leur arrivée à Westerbork, Anne et les 8 membres de l'Annexe sont désignés, avec plus de 1000 autres personnes, pour être déportés à Auschwitz. Le voyage en train dure 3 jours et 3 nuits. Hommes, femmes et enfants sont entassés par dizaines (40, 50, parfois 60) dans des wagons de marchandises obscurs, sans nourriture. Un seul seau fait office de toilettes.

Wagons de marchandises dans lesquels voyageaient les Juifs déportés dans les camps d'extermination (Centre commémoratif de Westerbork).

Centre commémoratif de Westerbork, aux Pays-Bas.

Westerbork

Le camp de transit de Westerbork est entouré de barbelés et de miradors (tours de surveillance). Pour avoir tenté d'échapper à la déportation en se cachant, Anne et les membres de l'Annexe sont enfermés dans un quartier disciplinaire, où leurs libertés sont restreintes. Levés à 5 heures, ils travaillent toute la journée, démontant les batteries de vieux avions pour en récupérer certains composants. Chaque mardi, des Juifs sont sélectionnés pour être envoyés à Auschwitz, un camp de concentration et d'extermination, en Pologne.

Auschwitz est à la fois un camp de concentration (où les détenus travaillent de force) et d'extermination (où nombre d'entre eux sont assassinés). D'autres camps comme celui de Treblinka, en Pologne, sont uniquement des centres d'extermination.

Auschwitz

Le train arrive à Auschwitz dans la nuit du 5 au 6 septembre 1944. Plus de la moitié des déportés (enfants, vieillards, malades) sont immédiatement envoyés à la mort, dans les chambres à gaz du camp (voir texte « La Shoah »). Anne qui vient d'avoir 15 ans est épargnée. Elle est dirigée vers le camp des femmes avec sa mère, sa sœur et Augusta van Pels ; Otto, Peter, Herman van Pels et Fritz Pfeffer rejoignent le camp des hommes. Les conditions de vie à Auschwitz sont effroyables. Anne est réveillée chaque jour à 3 h 30 du matin et œuvre à des travaux de terrassement épuisants jusqu'à la nuit. Le baraquement où elle dort est sale et glacial. Sans nourriture suffisante, les déporté(e)s perdent leurs forces. Leur santé se dégrade. Une survivante raconte : « Les filles Frank ne se plaignaient pas du tout. Elles faisaient peine à voir. Leurs mains et leurs corps étaient couverts de taches et de plaies »

À leur arrivée à Auschwitz, hommes et femmes ont le crâne rasé. Un matricule (numéro d'identification) est tatoué sur leur avant-bras.

Fours crématoires.

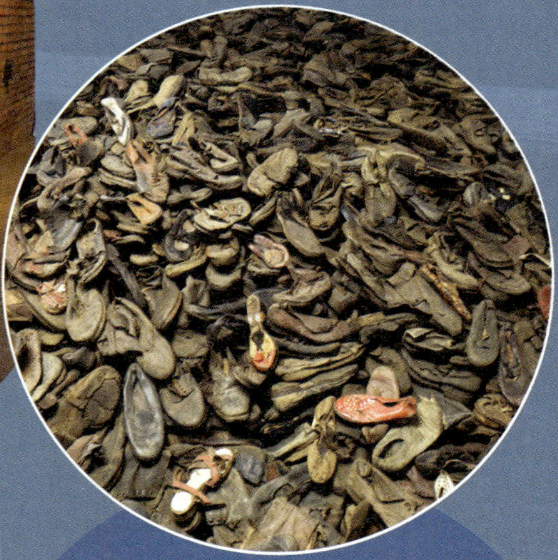

Les chaussures sont récupérées sur les prisonniers exécutés, au même titre que vêtements, lunettes, dents en or, pour être recyclées (Mémorial et Musée d'Auschwitz-Birkenau).

Pierre tombale à la mémoire de Margot et Anne Frank (Mémorial de Bergen-Belsen - Allemagne).

Une fin tragique

Fin octobre ou début novembre 1944, Anne et Margots sont séparées de leur mère et transférées avec Augusta van Pels dans le camp de concentration de Bergen-Belsen, en Allemagne. Edith meurt d'épuisement à Auschwitz en janvier 1945. Le camp de Bergen-Belsen est surpeuplé. Soumis au travail forcé dans d'horribles conditions, les détenus y meurent par centaines. Anne et Margot sont extrêmement affaiblies. Elles contractent le typhus, une maladie mortelle véhiculée par les poux, qui finit par les emporter. Margot meurt la première et Anne décède quelques jours plus tard. Nous sommes en mars 1945. Le 15 avril, les Britanniques libèrent le camp de Bergen-Belsen.

QU'EST-CE QUE LA SHOAH ?

La Shoah (mot hébreu signifiant « catastrophe ») désigne le génocide (extermination systématique d'un groupe humain) dont ont été victimes près de 6 millions de Juifs durant la Seconde Guerre mondiale. Les meurtres de masse débutent durant l'été 1941. En 1942, Hitler met en œuvre la « solution finale » : l'extermination de tous les Juifs d'Europe (et d'autres minorités). Des camps d'extermination, qui ne sont autres que des usines de la mort, voient le jour. Les détenus sont conduits dans de prétendues salles de douche (les chambres à gaz) où ils sont asphyxiés par des gaz meurtriers. Leurs corps sont brûlés dans des fours crématoires.

LE JOURNAL D'ANNE EN HÉRITAGE

Otto est le seul survivant des membres de l'Annexe. Il reste à Auschwitz jusqu'au 27 janvier 1945, jour de la libération du camp par les troupes soviétiques. Il ignore ce qui est arrivé à sa femme et à ses filles. Le 8 mai 1945 voit la fin de la guerre en Europe. Pendant le trajet qui le ramène à Amsterdam, Otto apprend qu'Edith n'a pas survécu et que ses filles ont été transférées à Bergen-Belsen. Comme ce n'est pas un camp d'extermination, il garde espoir de les retrouver.

Anne devient mondialement célèbre

Tout en lisant, Otto prend conscience de la valeur du témoignage d'Anne. Comme elle souhaitait devenir écrivain, il se met en quête d'un éditeur. Le journal est publié en 1947 aux Pays-Bas puis en 1952 aux États-Unis, où il remporte un énorme succès. À ce jour, il a été traduit dans plus de 70 langues. Anne Frank est devenue une figure emblématique de la Shoah. « Une voix parle pour 6 millions d'autres » a écrit Ilya Ehrenbourg, un célèbre écrivain russe d'origine juive, « la voix non pas d'un sage ou d'un poète mais d'une petite fille ordinaire ». Voilà sans doute pourquoi le témoignage d'Anne a bouleversé le monde entier.

Le journal d'Anne Frank, lu par des millions de personnes à travers le monde a été publié pour la première fois en néerlandais le 25 juin 1947 sous le titre « L'Annexe ».

Le retour d'Otto.

Le retour d'Otto

À Amsterdam, Otto retrouve Miep et son mari qui l'hébergent. Lies Goslar, une camarade de classe d'Anne qui était avec elle à Bergen-Belsen, lui apprend la mort de ses filles. Otto est effondré. Miep lui donne alors le journal d'Anne qu'elle a précieusement conservé ainsi que les albums de famille. En lisant les manuscrits, Otto découvre une facette d'Anne qu'il ignorait. Ses écrits sont d'une profondeur et d'une maturité incroyable pour une si jeune fille.

Un souvenir vivace

L'immeuble qui abritait les bureaux d'Otto et l'Annexe est devenu un musée : la Maison Anne Frank. Elle accueille chaque année plus d'un million de visiteurs du monde entier. Ils peuvent parcourir les différentes pièces de l'Annexe et découvrir des originaux du Journal d'Anne Frank. De nombreux documents et objets témoignent de l'histoire de la Shoah. La Maison Anne Frank organise aussi des expositions itinérantes qui circulent sur les cinq continents. À travers l'histoire d'Anne, retracée dans son contexte historique, elles s'adressent notamment aux générations futures, les sensibilisant aux notions de démocratie, de droits de l'homme et de tolérance. Un souhait cher à Otto, décédé en 1980. « Nous ne pouvons pas changer le passé, mais nous pouvons changer l'avenir » disait-il.

Statue d'Anne Frank, place Merwede, où la jeune fille a vécu à son arrivée à Amsterdam.

Élèves en classe étudiant le Journal d'Anne Frank.

LE DEVOIR DE MÉMOIRE

Le journal d'Anne Frank est toujours beaucoup étudié dans les écoles. Il participe au devoir de mémoire qui consiste à garder vivace le souvenir d'événements historiques graves et de leurs victimes, afin d'en tirer les leçons pour que plus jamais, ces événements ne se reproduisent.

Une foule de visiteurs se presse devant la Maison Anne Frank.

UNE TERRIBLE GUERRE

Véritable cataclysme, la Seconde Guerre mondiale est le conflit le plus meurtrier de l'histoire de l'humanité. Elle a coûté la vie à plus de 55 millions de personnes dans le monde (civils et militaires) et marqué les esprits à tout jamais. Au lendemain de la guerre, l'Organisation des Nations Unies (ONU) a été créée. Depuis, elle s'efforce de préserver la paix dans le monde et le respect des droits de l'homme.

L'Axe et les Alliés

Durant la Seconde Guerre mondiale deux camps s'opposent : l'Axe et les Alliés. L'Axe désigne le camp allemand, soutenu notamment par l'Italie et le Japon Les Alliés sont représentés principalement par le Royaume-Uni et la France (les premiers à entrer en guerre, le 3 septembre 1939) puis, à partir de 1941, par l'URSS (Union des républiques socialistes soviétiques, qui comprend notamment la Russie) et les États-Unis.

En juin 1940, la France se retrouve coupée en deux par une ligne de démarcation. La partie nord et ouest est occupée par les Allemands. La partie sud (la zone libre) est administrée par le gouvernement français du maréchal Pétain.

Navire américain coulé par l'armée japonaise, à Pearl Harbor.

Une guerre mondiale

Par le biais des alliances entre les différentes puissances, la guerre va devenir mondiale. Elle fait rage notamment en Afrique où Français, Anglais et Italiens ont des colonies. Les États-Unis qui étaient restés neutres jusqu'en 1941, entrent en guerre lorsque le Japon, allié des Allemands, attaque leur base de Pearl Harbor dans le Pacifique pour imposer définitivement sa présence dans la région et étendre son empire.

Les Alliés contre-attaquent

Au début de l'année 1942, l'Allemagne occupe une grande partie de l'Europe. Elle a même envahi une partie de l'URSS avec qui elle avait pourtant signé un pacte de non-agression. Mais à partir de cette même année, la victoire change de camp. Les troupes de l'Axe se retrouvent en difficulté partout : en Afrique, dans le Pacifique, en URSS. C'est le temps de la contre-offensive alliée. L'Italie capitule le 3 septembre 1943. Après le Débarquement, l'Allemagne se retrouve prise en tenaille entre les troupes anglo-américaines à l'ouest et les Soviétiques, qui progressent depuis l'est. Ces derniers s'emparent de Berlin le 30 avril 1945. Hitler se suicide. L'Allemagne se rend le 8 mai 1945, une date devenue un jour férié en France. C'est la fin de la guerre en Europe.

Les troupes Alliées libèrent peu à peu les pays conquis. Partout une foule en liesse leur fait un triomphe (ici, à Paris, en août 1944). Les Pays Bas sont libérés le 5 mai 1945.

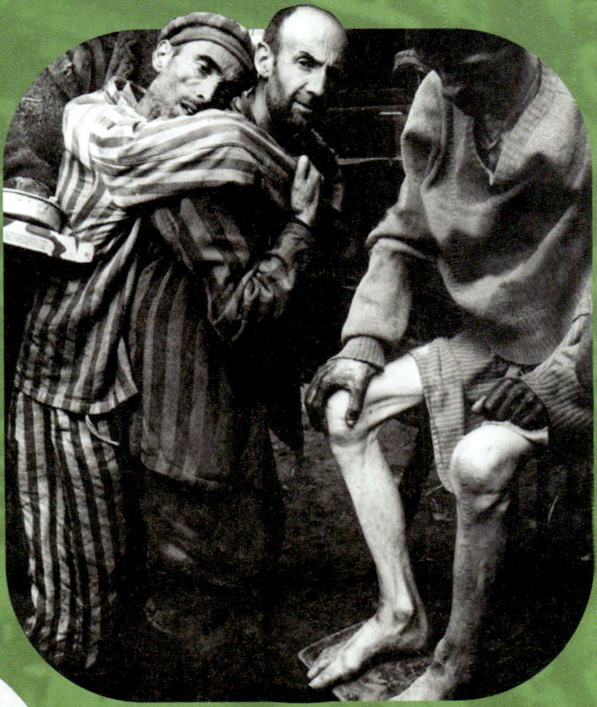

La libération des camps : les survivants de l'horreur.

La libération des camps

En libérant les camps nazis, les Alliés découvrent avec horreur l'enfer qu'ont vécu les déportés. Les rescapés sont extrêmement affaiblis et squelettiques. La plupart ont perdu tous leurs proches. À Auschwitz, les nazis ont exterminé jusqu'à 1 200 personnes par jour !

Les bombes lâchées sur Hiroshima et Nagasaki tuent instantanément 150 000 personnes.

LA FIN DE LA SECONDE GUERRE MONDIALE

Malgré la contre-offensive des Américains dans le Pacifique, les Japonais refusent de s'avouer vaincus. Pour mettre un terme aux combats, les États-Unis décident d'employer une arme très puissante, la bombe atomique. Ils adressent un ultimatum au Japonais, que ces derniers ignorent. Le 6 et 9 août 1945, deux bombes sont larguées au-dessus des villes d'Hiroshima et Nagasaki, faisant plusieurs milliers de victimes. Le Japon capitule le 2 septembre. La Seconde Guerre mondiale s'achève dans ces circonstances dramatiques, laissant le monde ébranlé par 5 ans d'horreur.

TABLE DES MATIÈRES

NAISSANCE EN ALLEMAGNE **4**

L'EXIL À AMSTERDAM **6**

UNE VIE PRÉSERVÉE **8**

LA GUERRE ÉCLATE **10**

UNE CACHETTE SECRÈTE **12**

LA VIE DANS L'ANNEXE **14**

MORCEAUX CHOISIS **16**

DÉCOUVERTS ! **18**

LA DÉPORTATION **20**

LE JOURNAL D'ANNE EN HÉRITAGE **22**

UNE TERRIBLE GUERRE **24**

57, rue Gaston Tessier, CS 50061, 75166 Paris Cedex 19
www.fleuruseditions.com

Direction : Guillaume Pô
Direction éditoriale : Sarah Malherbe
Conception de la collection : Émilie Beaumont et Jack Delaroche
Édition : Raphaële Glaux
Conception graphique : Éric Laurin sous la direction de création de Élisabeth Hébert
Suivi graphique : Ambrine Angaud
Mise en page : Pauline Sorel
Direction de fabrication : Thierry Dubus
Fabrication : Juliette Darrière

Loi n° 49-956 du 16 juillet 1949 sur les publications destinées
à la jeunesse, modifiée par la Loi n° 2011-525 du 17 mai 2011.
Dépôt légal : janvier 2025
N° d'édition : 25L0060
ISBN : 978-2-2151-9435-4 • MDS : FS94354

Achevé d'imprimer en novembre 2024,
par Rotolito, en Roumanie, sur du papier
de certification PEFC.

PEFC
PEFC/46-31-13
Certifié PEFC
Ce produit est issu de forêts gérées durablement et de sources contrôlées
www.pefc.ro

MRZ. 10 1933
Jhr
Gewicht
kg
109 110 11
kg
TIETZ

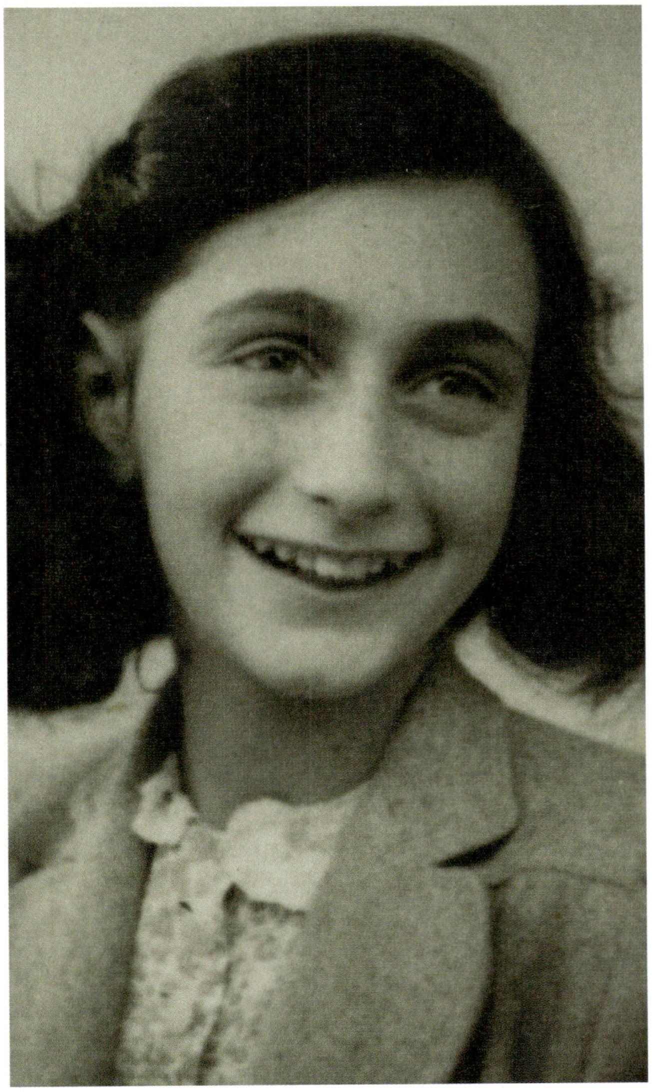

ANNE FRANK
HET ACHTERHUI
DAGBOEKBRIEVEN
12 JUNI 1942 — 1 AUGUSTUS 1944
MET EEN INLEIDING VAN
ANNIE ROMEIN-VERSCHOOR